まちごとインド

West India 006 Ajmer
アジメール(プシュカル)
御光さす聖者の「巡礼地」
अजमेर

Asia City Guide Production

【白地図】ラジャスタン州

INDIA
西インド

【白地図】アジメールとプシュカル

INDIA
西インド

【白地図】ダルガー

INDIA
西インド

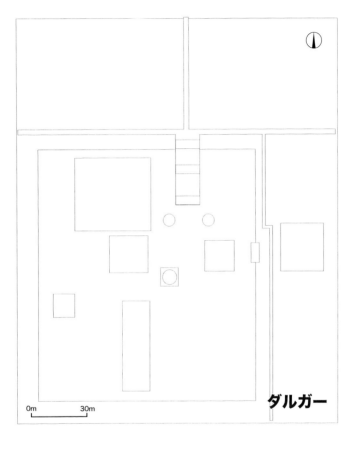

ダルガー

Ajmer 白地図

【白地図】アジメール旧市街

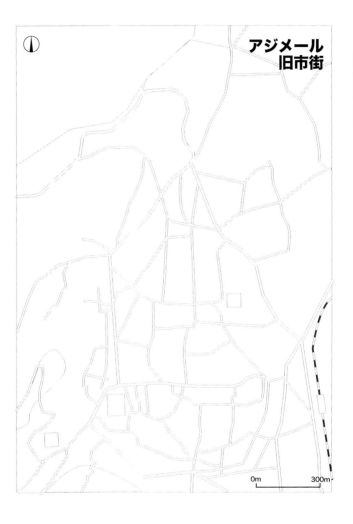

【白地図】アルハイディンカジョンプラ

INDIA
西インド

【白地図】アジメール郊外

INDIA
西インド

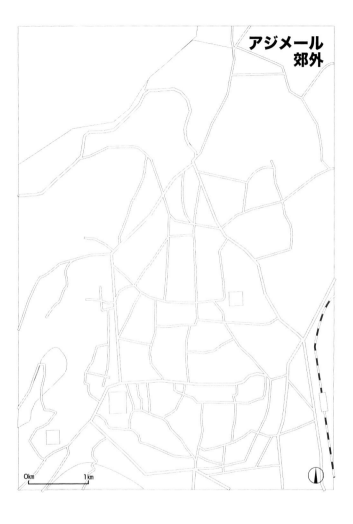

【白地図】プシュカル

INDIA
西インド

【まちごとインド】
西インド 001 はじめてのラジャスタン
西インド 002 ジャイプル
西インド 003 ジョードプル
西インド 004 ジャイサルメール
西インド 005 ウダイプル
西インド 006 アジメール（プシュカル）
西インド 007 ビカネール
西インド 008 シェカワティ

INDIA
西インド

　ラジャスタン州のちょうど中央部、タラガル丘陵の北東麓に広がるアジメール。インドにほとんどイスラム教が浸透していない 12 世紀、イスラム聖者ハワージャ・ムイーヌッディーンがここに道場を構えて布教にあたり、街は聖者のダルガー（墓廟）を中心に発展してきた。

　とくにムガル帝国アクバル帝（在位 1556 〜 1605 年）がこの聖者に深く帰依し、たびたびアーグラからアジメールに素足で巡礼した。ムガル時代、ラージプート諸国へにらみをきかせるアジメール州の州都（直轄領）がおかれ、18 世紀にジャ

अजमेर
アジメール Ajmer

イプルが建設されるまでアジメールはラジャスタン最大の要衝だった。

　アジメールがインドにおけるイスラム教徒の巡礼地となっている一方で、ラジャスタンをふたつにわけるアラワリ山脈西麓にヒンドゥー聖地プシュカルが位置する（アジメールの西11km）。アラワリ山脈東側は湿潤農耕地帯、西側は乾燥砂漠地帯となっていて、文化、宗教、気候などをわける分水嶺となっている。

【まちごとインド】
西インド 006 アジメール

目次

アジメール……………………………………………………xvi

インドとイスラムの交差点…………………………………xxii

ダルガー鑑賞案内 ……………………………………………xxxi

イスラム聖者とその布教 ……………………………………xl

旧市街城市案内…………………………………………………xlv

郊外城市案内……………………………………………………lxiii

プシュカル城市案内 …………………………………………lxxiii

聖なる青蓮華をめぐって ……………………………………lxxxvii

【MEMO】

Ajmer
アジメール

【地図】ラジャスタン州

ラジャスタン州

インドとイスラムの交差点

INDIA
西インド

アジメールはイスラム教の影響の強い街
またそれだけでなくヒンドゥー教やジャイナ教の
研究も盛んな学術都市という一面をもつ

インド・イスラム文化の一大拠点

イスラム教がインドに伝わったのはイスラム帝国の拡大が続いていた8世紀のことで、1192年のタラインの戦いでラージプートが敗れて以降、本格的にイスラム教はインドに浸透していった。チシュティー派のイスラム聖者ハワージャ・ムイーヌッディーン（1142～1236年）は1192年ごろ、アジメールにやってきたと言われる。当時、アジメールにイスラム教徒はほとんどいなかったが、聖者の質素な生活や誰にでもわけへだてなく接する姿勢が共感され、やがて聖者の弟子、後継者たちによってインドにおけるイスラム教の布教拠点へと

▲左 インドでもっとも古い時代のモスクも残る。 ▲右 大挙してダルガーに押し寄せる巡礼者たち

成長をとげた。また中央アジアやペルシャを出自とするイスラム勢力にとって、ラホール、デリー、ムルタン、アジメールといったインド亜大陸北西の街々は、ちょうどインド全土をうかがう立地で、数々の教団がこれらの街に拠点を構えた。

アジメールのかんたんな歴史

アジメールは、11世紀、ラージプート族のチャーハマーナ朝のアジャヤラージャ王が四方を山に囲まれた要害のこの地に「アジャヤの山城（アジャヤメール）」を築いたことにはじまる。このチャーハマーナ朝は1192年のタラインの戦い

INDIA
西インド

でイスラム勢力に敗れ、アジメールはデリーのイスラム王朝の拠点のひとつとなった。より強大なイスラム王朝のムガル帝国が成立すると、ラジャスタンはアジメール州に組みこまれ、アジメールに州都がおかれた（この時代、イスラム巡礼地としての性格は強まっていった）。アジメールの地理的要衝といった性格は、マラータ、続くイギリス統治時代も続き、1818年以降、ラジャスタンにマハラジャの藩王国が割拠する状況でも、アジメールはイギリスの直轄領だった。1947年、印パが分離独立すると、アジメールのイスラム教徒の多くはパキスタンへ移住していった。

▲左　周囲を丘陵に囲まれたアジメール。　▲右　ターバンと豊かな髭の男性たち、プシュカルにて

Ajmer｜インドとイスラムの交差点

ラージプートと、イスラムと

中世以来、ラージプートとイスラム王朝のあいだで争奪戦が繰り広げられてきたアジメール。アジメールを都としたチャウハーン朝のプリトゥヴィラージ3世（1166〜92年）はデリーにも進出するなど、12世紀のラジャスタンで最大の勢力となっていた。この王は侵入するイスラム勢力をたびたび退け、1191年、一度はゴール朝の軍隊を破っている（第1次タラインの戦い）。しかし、それぞれの血縁単位の氏族国家をつくっていたラージプート諸族は、ひとつにまとまることができず、個別に撃破され、1192年の第2次タラインの

INDIA
西インド

戦いでイスラム勢力の軍門にくだった（カナウジのガーハダバーラ朝は、プリトゥヴィラージ3世の名声をねたみ、兵を出さなかった）。

アジメールの構成

アジメールは四方を丘陵（アラワリ山脈）に囲まれた要害の地で、タラガル丘陵の北東麓に旧市街が位置する（タラガル丘陵に12世紀以前のラージプートの城塞都市があった）。旧市街はバザールや料理店などイスラム教の影響が色濃く見られ、その東側に近代に敷設された鉄道駅が立つ。鉄道駅の北

【MEMO】

【地図】アジメールとプシュカル

【地図】アジメールとプシュカルの [★★★]
- [ ] ダルガー Dargah
- [ ] プシュカル Pushkar

【地図】アジメールとプシュカルの [★★☆]
- [ ] アジメール旧市街 Old Ajmer
- [ ] ブラフマー寺院 Brahma Mandir
- [ ] サヴィトリ寺院 Savitri Mandir

【地図】アジメールとプシュカルの [★☆☆]
- [ ] アナ・サーガル Ana Sagar
- [ ] タラガル・フォート Taragarh Fort
- [ ] ナレリ寺院 Nareli Jain Temple
- [ ] 蛇の山 Nag Pahar

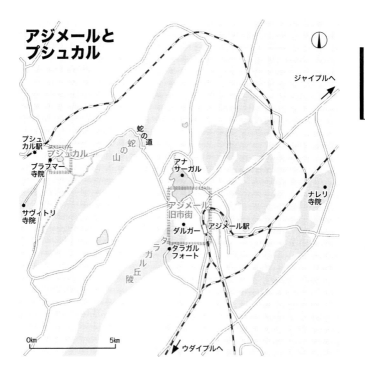

側が新市街となっているほか、街の水源アナサーガルも広がる。このアジメールから西11kmにヒンドゥー聖地のプシュカルが位置し、両者は「蛇の道」と呼ばれる峠道で結ばれている。

Guide, Dargah
ダルガー鑑賞案内

南アジアではイスラム聖者廟をダルガーと呼ぶが
アジメールでは存在のあまりに大きい
ただひとりの聖者のダルガーをこう呼ぶ

दरगाह बाज़ार; ダルガー・バザール Dargah Bazar［★★☆］

ダルガー・バザールは、北側のデリー門からダルガーへ伸びる真っ直ぐな参道。『コーラン』やイスラム帽、数珠、布チャーダル、ポスターを売る雑貨店、レストランや参拝者のための宿泊施設など数百の店舗がずらりと軒を連ねる。

गेट; 3つの門 Gates［★☆☆］

ダルガーへは時代をへてイスラム王朝によって寄進された3つの門（正門）が連続し、ダルガーの敷地は外側に拡大してきた。一番外側にあり、バザールと接しているのがニザーム

INDIA
西インド

門で、1913年、ハイデラバードの藩王ニザームによって建てられた（3年かけて建てられ、ムガル帝国から自立したハイデラバードのチャール・ミナールに外観が似ている）。続くシャー・ジャハーン門はムガル帝国第5代シャー・ジャハーン帝によるもので、1638年に建立され、長いあいだ、ダルガーの正門となっていた。最後に立つのがマンドゥーのスルタン・ギヤースッディーン（在位1469〜1500年）によるブランド・ダルワザで、ここから奥が中庭となっている（デリー・サルタナット朝から独立し、1世紀ほど続いた王朝）。奥の門がより古く、墓域が拡大してきたことを示す。

【MEMO】

【地図】ダルガー

【地図】ダルガーの [★★★]
- [ ] ダルガー Dargah

【地図】ダルガーの [★★☆]
- [ ] デーグ Deg
- [ ] ムイーヌッディーン廟 Hazrat Khwaja Moinuddin Chishty Dargah
- [ ] ダルガー・バザール Dargah Bazar

【地図】ダルガーの [★☆☆]
- [ ] 3つの門 Gates

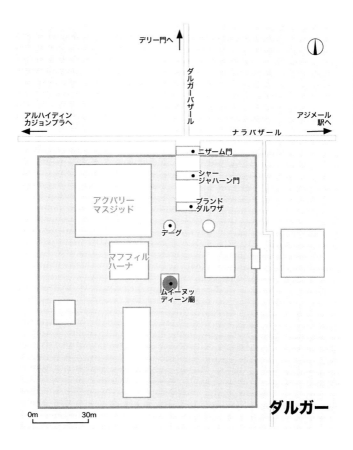

INDIA
西インド

देग ; デーグ Deg [★★☆]

巡礼者や貧しい人のために炊き出しを行なう、ふたつの大きな鉄の釜デーグ。西側は1568年、ムガル帝国第3代アクバル帝、東側は1613年、第4代ジャハンギール帝によっておかれ、その後、新たな鉄釜にとり替えられた。より大きな西側は直径4mにもなり、一度に2.5tの米をたくことができるという。あまりにも巨大なため、鉄釜の上部へ伸びる階段が備えられていて、この釜でつくられたビリヤニ（米、バターオイル、砂糖、果物を入れてつくるたきこみご飯）は聖者の命日ウルスなどでふるまわれる。

▲左 アジメール旧市街に立つデリー門。 ▲右 イスラム帽の人が行き交うダルガー・バザール

ダルガーの構成

1236年、イスラム聖者ハワージャ・ムイーヌッディーンがなくなったとき、この地には石の棺がおかれていただけだったが、聖者を慕う人々によって墓域は拡大を続けた。アクバル帝によるアクバリー・マスジッド（1591年建立）、ハイデラバードのナワーブ・アースマーン・シャーによるマフフィル・ハーナ（1891年建立）というふたつのモスクはじめ、建物や門が次々に整備されて現在にいたる。ダルガーを彩る緑はイスラム教を象徴する色で、中庭は信者や記帳を求める人々であふれている。

INDIA
西インド

मोइनुद्दीन चिश्ती की दरगाह ;
ムイーヌッディーン廟
Hazrat Khwaja Moinuddin Chishty Dargah [★★☆]

チシュティー派のイスラム聖者ハワージャ・ムイーヌッディーン（1142 〜 1236 年）をまつる墓廟。チシュティー派はアフガニスタンのヘラート近郊チシュティー出身のアブー・イスハークに創設された教団で、その弟子ハワージャ・ムイーヌッディーンがインドでの実質的な教団の祖と言える。1142 年ごろイランに生まれたこの聖者はイラクで修行するなど放浪を続け、ラージプート王朝の都があった 1192 年ご

Ajmer ダルガー鑑賞案内

▲左　ダルガーの正門にあたるニザーム門。　▲右　周辺の店舗ではイスラム教の数珠が売られている

ろ、アジメールにやってきた。アジメールでハーンカ（修道場）を構えて布教にあたったものの、最初はインド人にほとんど相手にされなかった。こうしたなか、万人に平等に接したこと、清貧生活を行なったこと、権力者と距離をとったことなどから人々の尊敬を集め、やがて多くの改宗者を生んだ。

イスラム聖者と その布教

INDIA
西インド

ヒンドゥー教徒が暮らしていたアジメール
ハワージャ・ムイーヌッディーンの布教で
イスラム教への改宗者が増えていった

ヒンドゥー教とイスラム教

多神教で神々の彫像をつくるヒンドゥー教と、一神教で偶像崇拝を認めないイスラム教。両者の接触は8世紀、アラブの軍隊がインダス川下流域に侵入したときにはじまった（8世紀から12世紀までイスラム勢力がインドになかなか進出できなかったのは、ラジャスタンにラージプート王朝がいたからだという）。中世、デリーのイスラム政権（デリー・サルタナット朝）樹立、アラビア海を往来する港町のイスラム商人の影響もあるものの、イスラム聖者による布教によってイスラム教はインドに根づいていった。ヒンドゥー教徒とイ

Ajmer イスラム聖者とその布教

スラム教徒が隣りあわせて暮らし、イギリス統治時代のインドでは「4人にひとりがイスラム教徒」という状態だった。1947年、インドと「イスラム教徒によるインド（パキスタン）」は分離独立した。

ハーンカ（修道場）とダルガー（墓廟）

インドでは正統なウラマー（イスラム学者）よりも、人々のあいだにわけいって布教するスーフィー（イスラム神秘主義者/イスラム聖者）が重要な役割を果たした。当初、ヒンドゥー教徒はイスラムとの接触やともに食事をすることを嫌

INDIA
西インド

い、ときにイスラム聖者は飲水の提供も断られたという。こうした状況で、イスラム聖者が布教を行なった場所をハーンカ（修道場）と呼び、聖者の死後、その場所はダルガー（墓廟）となった。このダルガーは巡礼地という性格をもつことから、周囲に集会所、宿泊施設、貧者のための施設が建てられた。

ウルス（聖者の命日）

ウルスとはもともとアラビア語で「結婚の祝宴」を意味するが、南アジアではアッラーとなくなった聖者の魂が合一（結婚）するという考えから、聖者の命日をウルスと呼ぶ。ハワー

▲左　偶像崇拝を認めないゆえ文様芸術やカリグラフィーが発展したイスラム文化。　▲右　アルハイ・ディン・カ・ジョンプラで出合った子どもたち

ジャ・ムイーヌッディーンの命日にあたるウルスでは、アジメールの街全体が信者たちの熱気でつつまれる。聖者の命日、その前後の数日はインド、またそれ以外の国からも数十万という人がアジメールに集まり、礼拝の時間には道が通行できないほどになるという。

Guide,
Old Ajmer
旧市街
城市案内

中世以来の街区を残すアジメールの旧市街
インド有数の伝統をもつモスク
ムガル帝国時代の宮殿も残る

पुरानी अजमेर ; 旧市街 Old Ajmer ［★★☆］

タラガル丘陵の北東に広がるアジメールの旧市街。街の中心になっているダルガー、またゴール朝がアジメールを占領したばかりの12世紀に建てたモスク（アルハイ・ディン・カ・ジョンプラ）、そしてムガル帝国アジメール州の行政府がおかれていたアクバル宮殿が残る。入り組んだ路地が迷路のように縦横に走り、かつては城壁で囲まれ、現在も残るデリー門や鉄道駅前のマダル門が起点になる。

INDIA
西インド

अढाई दिन का झोंपड़ा；
アルハイ・ディン・カ・ジョンプラ Adhai Din Ka Jhonpra［★★★］

アジメール旧市街をのぞむ小さな丘に立つアルハイ・ディン・カ・ジョンプラ。インド有数の伝統をもつイスラム礼拝堂（モスク）で、1192年、タラインの戦いでラージプート軍を破ったゴール朝の武将アイバクが1200年ごろ建造し、その後、1230年にスルタン・イレトゥミシュが整備したという。アルハイ・ディン・カ・ジョンプラとは、「2日半（アルハイ・ディン）」でできた「小屋（ジョンプラ）」を意味し、この地にあったサンスクリット学校（もしくはジャイナ寺院）を破壊して

【MEMO】

【地図】アジメール旧市街

【地図】アジメール旧市街の [★★★]
- ダルガー Dargah
- アルハイ・ディン・カ・ジョンプラ Adhai Din Ka Jhonpra

【地図】アジメール旧市街の [★★☆]
- 旧市街 Old Ajmer
- ダルガー・バザール Dargah Bazar
- アクバル宮殿 Akbar Palace
- ナシヤン寺院 Nasiyan Jain Temple

【地図】アジメール旧市街の [★☆☆]
- バレー・ピール・サーヒブの参籠所 Chilla Bare Pir Sahib
- バードシャーヒー・ハーヴェリー Badshahi Haveli
- アナ・サーガル Ana Sagar
- リシ・ウッディヤン・スワミダヤナンド Rishi Udhyan Swami Dayanand

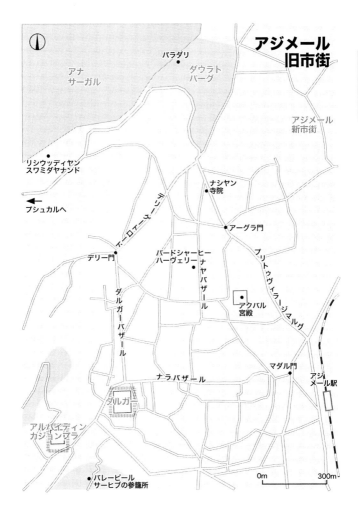

▲左　ここにあったインド建築の建材を利用してモスクはつくられた。　▲右　アルハイ・ディン・カ・ジョンプラとは2日間半でできた小屋のこと

その石材を転用して急遽つくったことをはじまりとする。アジメールにはデリー・サルタナット朝の拠点がおかれ、ここからヒンドゥー教国のラジャスタン諸国へにらみをきかせていた。現在、倒壊した部分も多いが、アーチを描くイワン(門)、5つのドーム、天井を支える列柱、壁面のアラビア文字装飾などが残る。

デリーのモスクと双璧

デリー南部にそびえる戦勝記念塔クトゥブ・ミナールは、アルハイ・ディン・カ・ジョンプラと同じゴール朝の武将アイ

【MEMO】

【地図】アルハイディンカジョンプラ

【地図】アルハイディンカジョンプラの [★★★]
- アルハイ・ディン・カ・ジョンプラ
  Adhai Din Ka Jhonpra

アルハイディン
カジョンプラ

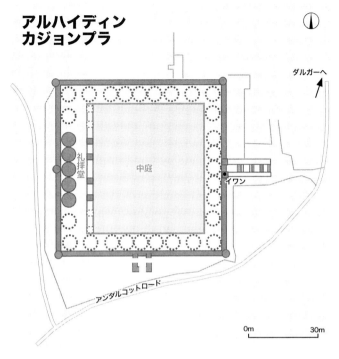

バクによって建てられた。1192年、タラインの戦いでラージプート軍を破ったアイバクは、その宮廷や寺院跡に新たにクトゥブ・ミナールや自身の陣営を築いた（クトゥブ・ミナールの地に、アジメールを都とするチャウハーン朝の離宮があった）。武将アイバクは主の死後、奴隷王朝（1206〜90年）を樹立したものの、当時のモスクはデリーとアジメールにしか残っていない。古く、インドの中心はガンジス河中流

INDIA
西インド

域にあったが、中央アジアやペルシャのイスラム勢力の侵攻を受けて、北西部のラホール、ムルタン、デリー、アーグラといった街が台頭した。イスラム勢力の対インド戦略は、略奪、征服から統治へと変わっていった。

चिल्ला बड़े पीर साहब ; バレー・ピール・サーヒブの参籠所
Chilla Bare Pir Sahib [★☆☆]

ダルガー背後の丘陵に立つバレー・ピール・サーヒブの参籠所(こもって礼拝する場所)。ここからはダルガーの様子やアジメール旧市街が一望できる。

▲左　アクバル宮殿、現在は博物館となっている。　▲右　ムガル帝国のアクバル帝はマウリヤ朝アショカ王とならぶインドの名君にあげられる

अकबर का किला；アクバル宮殿 Akbar Palace ［★★☆］

ムガル帝国（1526～1858年）統治時代の行政府がおかれていたアクバル宮殿。ムガル帝国第3代アクバル帝は、ラージプート諸国と婚姻関係を結び、高い地位をあたえて臣下とした。イスラム聖者の伝統が残ること、ラジャスタンのちょうど中心にあたること、グジャラートへ続く街道上に位置すること、塩のとれるサンバル湖に近いことなどから、アジメールにムガル直轄領がおかれていた（現在のラジャスタン州にあたるアジメール州の州都で、総督、官僚たちが政務をとった）。このアクバル宮殿は1570年に建設され、回廊状の部屋

が四方にめぐらされた中庭の中央に宮殿が立つ。ヒンドゥー様式とイスラム様式の融合した建物となっていて、現在は博物館として開館し、グプタ朝時代の彫刻、ムガル絵画などの展示が見られる。

アクバル帝の巡礼

アクバル帝（在位 1556 〜 1605 年）は長らく長子にめぐまれなかったが、チシュティー派のイスラム聖者サリーム・チシュティーはその誕生を予言した（この聖者が庵を結んでいた場所にファテープル・シークリーが造営された）。1569 年、待

旧市街城市案内 | Ajmer

望の長子を得たアクバル帝は、チシュティー派に帰依し、毎年のように首都アーグラからアジメールまでお参りした。この巡礼は340kmの距離を17日程度かけて裸足で行なわれたと言い、自らの宗教ディーネ・イラヒーを創始するまで10度にもおよんだ(またアジメールのダルガーが貧者救済を行なえるよう、サンバル湖の塩収入1％の額、周囲の18村などを寄進したという)。ムガル帝国は、1558年にアジメールとグワリオール、1568年にチットールガル、1573年にグジャラートを手中にし、最高の繁栄を迎えていた。

INDIA
西インド

बादशाही हवेली ; バードシャーヒー・ハーヴェリー
Badshahi Haveli [★☆☆]

アジメール旧市街の一角に残る邸宅バードシャーヒー・ハーヴェリー。ムガル帝国のアクバル帝（在位 1556 ～ 1605 年）時代に建てられたハーヴェリーで、列柱、腕木などでアクバル宮殿同様の建築様式を見ることができる（バードシャーヒーとは皇帝のこと）。

▲左 金色で彩られたジャイナ教の立体マンダラ。 ▲右 ナシヤン寺院はレッド・テンプルとも呼ばれる

णसियन जैन मंदिर ;
ナシヤン寺院 Nasiyan Jain Temple ［★★☆］

アーグラ門近くの三角形の土地にあわせるように立つナシヤン寺院。1865年に建立されたジャイナ教寺院で、赤砂岩を素材とすることから、レッド・テンプルとも呼ばれる。2階建ての本殿スバルナ・ナガリ・ホールにはメール山を中心に、飛ぶ船、巨大な宮殿、動物や人、宝石など、ジャイナ教の立体マンダラと言える黄金都市が表現されている。ジャイナ教宇宙では、メール山を中心に8つのリング状の海と大陸が広がり、そこに理想的な王国や地方があると考えられてきた。

INDIA
西インド

आनासागर；アナ・サーガル Ana Sagar ［★☆☆］

アジメール市街北に広がる人造湖アナ・サーガル。1135年にチャーハマーナ朝のアナージ王によって整備され、以来、この街の水源となってきた。1637年、ムガル帝国第5代シャー・ジャハーン帝が建立した「大理石のパヴィリオン」バラダリが立ち、近くにはダウラト・バーグも位置するなど、人々の憩いの場となっている。

ऋषि उद्यान स्वामी दयानंद ;
リシ・ウッディヤン・スワミダヤナンド
Rishi Udhyan Swami Dayanand ［★☆☆］

アナ・サーガルのほとりに立つ修道場リシ・ウッディヤン・スワミダヤナンド。近代、イギリスの植民地となったインドで、「ヴェーダに帰れ」と説いたアーリア・サマージが拠点としている（ヒンドゥー教の宗教改革を展開した）。男女平等や身分制の分野で成果を出し、ラジャスタンではアジメールで盛んな活動が行なわれてきた。

Guide,
Around Ajmer
郊外
城市案内

アラワリ山脈のあわいに位置するアジメール
イスラム統治以前の
ラージプートの物語も伝わる

तारागढ़ किला;タラガル・フォート Taragarh Fort ［★☆☆］

高さ850mの丘陵が利用されたタラガル・フォート（星の要塞）。ここは11世紀以来、ラージプートのチャーハマーナ朝の拠点があり、アジャヤラージャ王による「アジャヤの山城（アジメール）」と呼ばれていた（ラージプート諸王朝は防御に優れた台地や丘陵に城塞を築いた）。このラージプート王朝は9世紀ごろジャイプル地方に起こり、プラティハーラ朝（8〜11世紀）滅亡後、アジメールを中心に勢力を伸ばした。現在、タラガル・フォートには、6つの城門のほか、ミラン・サーヒブ廟も残っている。

INDIA
西インド

पृथ्वीराज स्मारक ;
プリトゥヴィラージ 3 世像 Prithviraj Smarak ［★☆☆］

タラガル丘陵に立つラージプートの王プリトゥヴィラージ 3 世像。プリトゥヴィラージ 3 世（在位 1177 〜 92 年）はわずか 14 歳で即位し、都アジメールを中心に北西インドへ領土を広げた。ラージプートを代表してイスラム勢力の侵入を迎え討ち、1191 年、第 1 次タラインの戦いで一度は勝利したもの、翌年、敗れ、インドはイスラム化していった。

【MEMO】

Ajmer 郊外城市案内

【地図】アジメール郊外

【地図】アジメール郊外の [★★★]
- [ ] ダルガー Dargah
- [ ] アルハイ・ディン・カ・ジョンプラ Adhai Din Ka Jhonpra

【地図】アジメール郊外の [★★☆]
- [ ] 旧市街 Old Ajmer
- [ ] ナシヤン寺院 Nasiyan Jain Temple

【地図】アジメール郊外の [★☆☆]
- [ ] バレー・ピール・サーヒブの参籠所 Chilla Bare Pir Sahib
- [ ] アナ・サーガル Ana Sagar
- [ ] タラガル・フォート Taragarh Fort
- [ ] プリトゥヴィラージ3世像 Prithviraj Smarak
- [ ] メイヨー大学 Mayo College

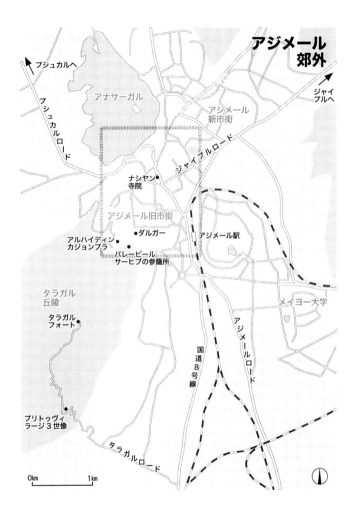

INDIA
西インド

プリトゥヴィラージと王女の恋物語

12世紀の北インドでは血縁単位で結ばれたラージプート諸国があり、アジメールのチャウハーン朝とカナウジのガーハダバーラ朝が有力だった（ガーハダバーラ朝の子孫はジョードプルを築いた）。チャウハーン朝の王プリトゥヴィラージ3世は、カナウジの王女と恋に落ちていたが、カナウジ王はプリトゥヴィラージ3世の声望をねたんで姫の婿選びの催しに呼ばず、その像をつくらせて門番代わりにさせた。愛する人のいないまま、求婚者たちに言い寄られた王女は、想いを伝える花輪を門前の像にかけた。すると、突然、本物のプリ

▲左　アジメール旧市街のラッシー屋さん。　▲右　アラワリ山脈の支脈を構成するタラガフ丘陵

トゥヴィラージ3世が現れ、王女を愛馬に乗せてアジメールへ駆けていった。ふたりの想いは実ったものの、カナウジ王は怒り、外敵イスラム勢力の侵入を前にしても、プリトゥヴィラージ3世に協力せず、結果、ヒンドゥー勢力は敗れ去った。この物語はプリトゥヴィラージ3世と同じ年の生まれで、その宮廷に仕えた宮廷詩人チャンド・バルダーイーが『プリトゥヴィラージ・ラーソー』で記している。

मेयो कॉलेज；メイヨー大学 Mayo College ［★☆☆］
1875年に設立され、いち早く西洋式の近代教育がほどこさ

INDIA
西インド

れていた名門のメイヨー大学。イギリスがインドの貴族子弟のためにつくった5校のひとつで、ラージプート王族が通っていた（メイヨーという名前は、1869〜72年にインド副王をつとめ、暗殺されたメイヨー卿にちなむ）。メイヨー大学の建築は、ヨーロッパとインド・イスラム様式の融合したインド・サラセン建築となっている。

अरावली ; アラワリ山脈 Aravali Range ［★☆☆］
ラジャスタン州をふたつにわけるように北東から南西に向かって走るアラワリ山脈。この山脈は、マールワール地方と

メーワール地方、乾燥地帯と湿潤地帯をふたつにわけ、アジメールはちょうどその境に位置する。アラワリという名前は、「折り重なった梁（アダ・ヴァラ）」からとられていて、ラジャスタン南部のアブー山でもっとも高くなる（標高1722m）。

नारेली जैन मंदिर;ナレリ寺院 Nareli Jain Temple [★☆☆]

ナレリ寺院は、アジメールから東7kmに位置するジャイナ教の寺院。巨大な丘陵を背後に立ち、三角形や四角形などをくみあわせた大理石の建物となっている（伝統的なジャイナ寺院の様式をふまえた、現代風のつくりをもつ）。

Guide, Pushkar
プシュカル城市案内

ヒンドゥー聖地プシュカルは
砂漠のなかのオアシス
こぢんまりとした街に多くの巡礼者が訪れる

पुष्कर；プシュカル Pushkar ［★★★］

イスラム教徒の巡礼地アジメールに対して、その西11kmに位置するプシュカルはヒンドゥー聖地として知られる。伝説では、天界のブラフマー神の手にしていた蓮の花が地上に落ち、そこから水がわき出してプシュカル湖となったという（プシュカは「花」を、ルは「湖」を意味する）。プシュカル湖のほとりに開けた街は、紀元前4世紀の創建と言われ、ラジャスタンでもっとも古い歴史をもつ。このプシュカルにはインドでもほとんど唯一のブラフマー神をまつる寺院があり、巡礼者はプシュカル湖で沐浴して身を清めたあと、ブラフマー

寺院に参拝する。

नाग पहाड़；蛇の山 Nag Pahar ［★☆☆］

アジメールとプシュカルをわけるように走る蛇の山(ナーグ・パハール)。アラワリ山脈の支脈にあたるこの丘陵には「蛇の道」と呼ばれる峠道が走り、11km離れたふたつの街を結ぶ。毎年、行なわれるプシュカル祭りの巡礼者は、この道を徒歩で歩いて聖地へ向かう。

【MEMO】

【地図】プシュカル

【地図】プシュカルの [★★★]
- [ ] プシュカル Pushkar

【地図】プシュカルの [★★☆]
- [ ] プシュカル湖 Pushkar Lake
- [ ] ガート Ghat
- [ ] ブラフマー寺院 Brahma Mandir

【地図】プシュカルの [★☆☆]
- [ ] サダル・バザール Sadar Bazar
- [ ] オールド・ラングジー寺院 Old Rangji Mandir
- [ ] ラマ・ヴァイクンタ寺院 Rama Vaikunth Mandir

プシュカル

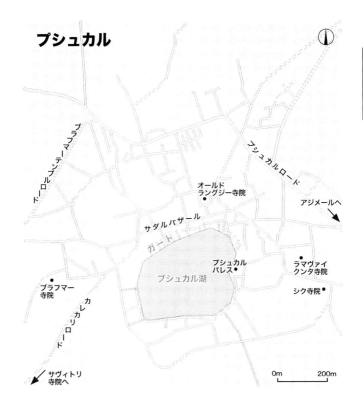

सदर बाज़ार；サダル・バザール Sadar Bazar ［★☆☆］

サダル・バザールは、プシュカル湖の北側を東西に走るメイン・ストリート。巡礼者のための土産物、衣料店、食料品店、ホテルなどがならび、参道にもなっている。

INDIA
西インド

पुष्कर सरोवर ; プシュカル湖 Pushkar Lake [★★☆]

街の中心にたたずむプシュカル湖(プシュカルとはブラフマー神のもつ「青蓮華の湖」を意味する)。インドには、七聖都、四大神領、七大河、九森林といった聖地があり、プシュカル湖はカイラス山麓のマーナサ湖などとともに五聖湖のひとつを構成する。満月の夜に沐浴すれば、すべての罪が清められるとも、この湖のほとりで12年間暮らすと魂はブラフマー神のもとへゆくとも言われる。また湖畔にはキシャンガルのマハラジャが建てたプシュカル・パレスも立つ。

▲左　プシュカルの目抜き通りサダル・バザール。　▲右　街の中心に位置するプシュカル湖

घाट；ガート Ghat [★★☆]

プシュカル湖のほとりには水際へ続く階段状のガートが整備されている。湖をとり囲むように52のガートがあり、その背後には白色に塗りあげられた建物が続く。ヒンドゥー教では水は聖性をもち、沐浴することで罪が清められると考えられている（プシュカルで沐浴すれば、バドリナート、ジャガンナート、ラーメシュワラム、ドーワルカーと同じ御利益が得られるという）。ガートでは、ヒンドゥー聖者や洗濯をする人の姿が見えるほか、静かな時間が流れている。

INDIA
西インド

ब्रह्मा मंदिर；ブラフマー寺院 Brahma Mandir ［★★☆］

ブラフマー寺院は、「宇宙の創造神」ブラフマー神をまつったインドでほとんど唯一のヒンドゥー寺院で、プシュカルの象徴となっている。伝説では、蓮華を手にしたブラフマー神はプシュカルを訪れ、ここで悪魔ヴァジュラナーバを見つけた。ブラフマー神の手から蓮華が落ちると、その衝撃で悪魔は死に、水がわき出して湖となったという。ブラフマー神はバラモンのもつ力が神格化されたもので、シヴァ神、ヴィシュヌ神とならぶ最高神だが、民間ではほとんど信仰されてこなかった（4～6世紀のグプタ朝時代、異なる信仰だったシヴァ

▲左　宇宙の創造神をまつるブラフマー寺院。　▲右　人々は階段状のガートで沐浴を行なう

派とヴィシュヌ派を結びつける役割を果たした)。一方で仏教では梵天としてとり入れられ、仏法を守護する神さまとなっている。街の西側に位置し、大理石の階段をのぼった先に立つ。

श्री रघुनाथ स्वामी मंदिर ;
オールド・ラングジー寺院 Old Rangji Mandir ［★☆☆］

プシュカルを代表する古刹で、ヴィシュヌ神をまつるオールド・ラングジー寺院。この寺院は南インドのハイデラバード出身の商人の寄進で、1823年に建立された。

INDIA
西インド

वैकुंठ मंदिर ;
ラマ・ヴァイクンタ寺院 Rama Vaikunth Mandir [★☆☆]

プシュカルでもっとも大きなヒンドゥー寺院のラマ・ヴァイクンタ寺院（ニュー・ラングジー寺院）。20世紀初頭に建てられ、南インドで発達した様式をもつ。本殿よりも高い門塔ゴープラには数百という神像が見られる。

सावित्री मंदिर ; サヴィトリ寺院 Savitri Mandir [★★☆]

プシュカルから南西2kmに離れた山上に立つサヴィトリ寺院。サヴィトリ女神はブラフマー神の配偶神で、プシュカル湖畔

▲左 「砂漠の船」ラクダが待機する。　▲右 遠くの山頂に立つサヴィトリ寺院

のブラフマー寺院に対応する（ブラフマー神の別名のひとつに、サヴィトリの夫サヴィトリパティがある）。ヒンドゥー神話では、ブラフマー神とサヴィトリ女神、聖者たちがプシュカルに集まって、儀式を催すことになったものの、サヴィトリ女神はその時間に来られなくなった。ブラフマー神は怒って、急遽、ガヤトリ女神を妻（配偶神）としたが、そこへサヴィトリ女神が来て今度はサヴィトリ女神が激怒し、1年に一度しかブラフマー神をまつらないという呪いをかけた。その後、サヴィトリ女神とガヤトリ女神は和解し、サラスヴァティー女神とともにブラフマー神の配偶神として落ちついた。

INDIA
西インド

ラクダ市

アジメール、プシュカルのそばを走るアラワリ山脈西側からパキスタンへ続くタール砂漠。数日間水を飲まなくても動けること、30キロの荷物を載せて1日30km歩ける体力、砂地の往来に適したひづめなど、砂漠の気候や環境に順応するラクダは、「砂漠の船」と言われてきた。プシュカルでは、毎年、膨大な数のラクダが集まり、それを売買するラクダ市(プシュカル祭り)が開かれ、ラクダのレース、ラクダの仮装パレードもあわせて行なわれる(インドは世界有数のラクダの頭数をもつ)。現在、ラクダに直接ものや人を乗(載)せるので

はなく、後部に荷車をつけて、より大量に人やものを運ぶ方法がとられている。

聖なる
青蓮華を
めぐって

聖なる湖の広がるプシュカル
ここから西は砂漠の乾燥地帯が続き
砂に足跡を残すラクダの姿が見える

『マハーバーラタ』に描かれたプシュカル

古代インドの叙事詩『マハーバーラタ』には、バラタ族のふたつの王族の決戦をもとに、さまざまな説話や神話が盛り込まれている（インド人の祖先にあたるバーラタのクル族とパーンドゥ族が争い、パーンドゥ族が勝利する）。『マハーバーラタ』のなかで、プシュカルは「神の中の神の聖地、三界において名高いプシュカラ」「プシュカラでは、3つの刻限（黎明、正午、黄昏）に1千億の聖地が現前する」と描かれている。また聖仙プラスティヤはクル族の長ビーシュマに「プシュカラを出発地としてインドを円状に歩く巡礼路」について話

INDIA
西インド

し、この巡礼路はジャムナ川とガンジス河の交わるプラヤーガ(アラハバード)で終わる(サンスクリット語ではプシュカルをプシュカラと読む)。

バラモンの保護と寺院の破壊

ムガル帝国(1526〜1858年)の成立後、第4代ジャハンギール帝はプシュカル一帯の村をバラモンにあたえたという。強い権限をもつヒンドゥー聖地プシュカルのバラモンを懐柔し、イスラム教のムガル帝国への協力を要請するという意図があった。一方で、第6代アウラングゼーブ帝は熱心なイス

▲左　プシュカルのチャイ屋さん。　▲右　プシュカルの街の入口に立つガネーシャ寺院

ラム教徒であったことから、プシュカルのヒンドゥー寺院を次々に破壊した。そのため、プシュカルは2000年以上の歴史をもつものの、それほど古い建物は残っていない。

ラジャスタンに伝わる民話

ラジャスタン地方に伝わる『ドーラ・マル』という民話。あるときラジャスタン東部（農耕地帯）の王は、長子ドーラの誕生を感謝して、聖地プシュカルに巡礼に来た。一方、同時期に、ラジャスタン西部（砂漠地帯）の領主が1歳半の小さな娘「マラバニ」を連れてプシュカルに来ていた。運命的な

INDIA
西インド

出逢いを果たしたドーラと「マラバニ」は将来をともにすることに決まったが、やがてときが過ぎ、ドーラは別の王女「マラヴァニ」と結婚してしまった。結婚してしばらく、ドーラは幼いころ約束した「マラバニ」を求めて砂漠の国へ向かった。途中、引き返そうとしたものの、プシュカルをへて砂漠地帯にいたり、マラバニを自国へ迎えることになった。砂漠の過酷な生活に育った「マラバニ」と農業地帯の過酷な人間関係に育った「マラヴァニ」の板ばさみとなるドーラ。マールワール(ラジャスタン西部の砂漠地帯)とメーワール(ラジャスタン東部の湿潤地帯)のふたつの要素が、プシュカル

Ajmer

聖なる青蓮華をめぐって

を中心に物語や登場人物に織り込まれているという。

【MEMO】

INDIA
西インド

【MEMO】

Ajmer 聖なる青蓮華をめぐって

参考文献

『ムイーヌッディーン・チシュティー廟に就て 沿革と現状』(鈴木斌 / 東洋文化研究所紀要第 69 冊)

『ヒンドゥー教とイスラム教』(荒松雄 / 岩波書店)

『インドの「奴隷王朝」』(荒松雄 / 未來社)

『世界歴史の旅北インド』(辛島昇・坂田貞二 / 山川出版社)

『インド建築案内』(神谷武夫 /TOTO 出版)

『マハーバーラタ』(上村勝彦 / 筑摩書房)

『タール砂漠のラクダ市』(沖守弘 / 季刊民族学)

『東京大学東洋文化研究所インド・イスラム史跡』http://www.ioc.u-tokyo.ac.jp/~islamarc/

『アジメール・オフィシャル・ウェブサイト』http://www.ajmer.nic.in/

『世界大百科事典』(平凡社)

まちごとパブリッシングの旅行ガイド
Machigoto INDIA , Machigoto ASIA , Machigoto CHINA

【北インド - まちごとインド】

001 はじめての北インド
002 はじめてのデリー
003 オールド・デリー
004 ニュー・デリー
005 南デリー
012 アーグラ
013 ファテープル・シークリー
014 バラナシ
015 サールナート
022 カージュラホ
032 アムリトサル

【西インド - まちごとインド】

001 はじめてのラジャスタン
002 ジャイプル
003 ジョードプル
004 ジャイサルメール
005 ウダイプル
006 アジメール（プシュカル）
007 ビカネール
008 シェカワティ
011 はじめてのマハラシュトラ
012 ムンバイ
013 プネー
014 アウランガバード
015 エローラ
016 アジャンタ
021 はじめてのグジャラート
022 アーメダバード
023 ヴァドダラー（チャンパネール）
024 ブジ（カッチ地方）

【東インド - まちごとインド】

002 コルカタ
012 ブッダガヤ

【南インド - まちごとインド】

001 はじめてのタミルナードゥ
002 チェンナイ
003 カーンチプラム
004 マハーバリプラム
005 タンジャヴール
006 クンバコナムとカーヴェリー・デルタ
007 ティルチラパッリ
008 マドゥライ
009 ラーメシュワラム
010 カニャークマリ
021 はじめてのケーララ
022 ティルヴァナンタプラム
023 バックウォーター（コッラム～アラップーザ）
024 コーチ（コーチン）
025 トリシュール

【ネパール - まちごとアジア】

001 はじめてのカトマンズ
002 カトマンズ
003 スワヤンブナート

004 パタン
005 バクタプル
006 ポカラ
007 ルンビニ
008 チトワン国立公園

【バングラデシュ - まちごとアジア】

001 はじめてのバングラデシュ
002 ダッカ
003 バゲルハット（クルナ）
004 シュンドルボン
005 プティア
006 モハスタン（ボグラ）
007 パハルプール

【パキスタン - まちごとアジア】

002 フンザ
003 ギルギット（KKH）
004 ラホール
005 ハラッパ
006 ムルタン

【イラン - まちごとアジア】

001 はじめてのイラン
002 テヘラン
003 イスファハン
004 シーラーズ
005 ペルセポリス
006 パサルガダエ（ナグシェ・ロスタム）
007 ヤズド
008 チョガ・ザンビル（アフヴァーズ）
009 タブリーズ
010 アルダビール

【北京 - まちごとチャイナ】

001 はじめての北京
002 故宮（天安門広場）
003 胡同と旧皇城
004 天壇と旧崇文区
005 瑠璃廠と旧宣武区
006 王府井と市街東部
007 北京動物園と市街西部
008 頤和園と西山
009 盧溝橋と周口店
010 万里の長城と明十三陵

【天津 - まちごとチャイナ】

001 はじめての天津
002 天津市街
003 浜海新区と市街南部
004 薊県と清東陵

【上海 - まちごとチャイナ】

001 はじめての上海
002 浦東新区
003 外灘と南京東路
004 淮海路と市街西部
005 虹口と市街北部
006 上海郊外（龍華・七宝・松江・嘉定）
007 水郷地帯（朱家角・周荘・同里・甪直）

【河北省 - まちごとチャイナ】

001 はじめての河北省
002 石家荘
003 秦皇島
004 承徳
005 張家口
006 保定
007 邯鄲

【江蘇省 - まちごとチャイナ】

001 はじめての江蘇省
002 はじめての蘇州
003 蘇州旧城
004 蘇州郊外と開発区
005 無錫
006 揚州
007 鎮江
008 はじめての南京
009 南京旧城
010 南京紫金山と下関
011 雨花台と南京郊外・開発区
012 徐州

【浙江省 - まちごとチャイナ】

001 はじめての浙江省
002 はじめての杭州
003 西湖と山林杭州
004 杭州旧城と開発区
005 紹興
006 はじめての寧波
007 寧波旧城
008 寧波郊外と開発区
009 普陀山
010 天台山
011 温州

【福建省 - まちごとチャイナ】

001 はじめての福建省
002 はじめての福州
003 福州旧城
004 福州郊外と開発区
005 武夷山
006 泉州
007 厦門
008 客家土楼

【広東省 - まちごとチャイナ】

001 はじめての広東省
002 はじめての広州
003 広州古城
004 天河と広州郊外
005 深圳（深セン）
006 東莞
007 開平（江門）
008 韶関
009 はじめての潮汕
010 潮州
011 汕頭

【遼寧省 - まちごとチャイナ】

001 はじめての遼寧省
002 はじめての大連
003 大連市街
004 旅順
005 金州新区

006 はじめての瀋陽
007 瀋陽故宮と旧市街
008 瀋陽駅と市街地
009 北陵と瀋陽郊外
010 撫順

【重慶 - まちごとチャイナ】

001 はじめての重慶
002 重慶市街
003 三峡下り（重慶〜宜昌）
004 大足

【香港 - まちごとチャイナ】

001 はじめての香港
002 中環と香港島北岸
003 上環と香港島南岸
004 尖沙咀と九龍市街
005 九龍城と九龍郊外
006 新界
007 ランタオ島と島嶼部

【マカオ - まちごとチャイナ】

001 はじめてのマカオ
002 セナド広場とマカオ中心部
003 媽閣廟とマカオ半島南部
004 東望洋山とマカオ半島北部
005 新口岸とタイパ・コロアン

【Juo-Mujin（電子書籍のみ）】

Juo-Mujin 香港縦横無尽
Juo-Mujin 北京縦横無尽
Juo-Mujin 上海縦横無尽

【自力旅游中国 Tabisuru CHINA】

001 バスに揺られて「自力で長城」
002 バスに揺られて「自力で石家荘」
003 バスに揺られて「自力で承徳」
004 船に揺られて「自力で普陀山」
005 バスに揺られて「自力で天台山」
006 バスに揺られて「自力で秦皇島」
007 バスに揺られて「自力で張家口」
008 バスに揺られて「自力で邯鄲」
009 バスに揺られて「自力で保定」
010 バスに揺られて「自力で清東陵」
011 バスに揺られて「自力で潮州」
012 バスに揺られて「自力で汕頭」
013 バスに揺られて「自力で温州」

【車輪はつばさ】
南インドのアイラヴァテシュワラ寺院には建築本体に車輪がついていて寺院に乗った神さまが人びとの想いを運ぶと言います。

・本書はオンデマンド印刷で作成されています。
・本書の内容に関するご意見、お問い合わせは、発行元の
　まちごとパブリッシング info@machigotopub.com までお願いします。

まちごとインド
西インド006アジメール（プシュカル）
〜御光さす聖者の「巡礼地」[モノクロノートブック版]

2017年11月14日　発行

著　者	「アジア城市（まち）案内」制作委員会
発行者	赤松　耕次
発行所	まちごとパブリッシング株式会社
	〒181-0013　東京都三鷹市下連雀4-4-36
	URL　http://www.machigotopub.com/
発売元	株式会社デジタルパブリッシングサービス
	〒162-0812　東京都新宿区西五軒町11-13
	清水ビル3F
印刷・製本	株式会社デジタルパブリッシングサービス
	URL　http://www.d-pub.co.jp/

MP019

ISBN978-4-86143-153-1 C0326　　　Printed in Japan
本書の無断複製複写（コピー）は、著作権法上での例外を除き、禁じられています。